HISTOIRE & ACTUALITÉ

ADOLF HITLER

Le dictateur à l'origine de la folie nazie

Par Xavier Leroy
ɔus la direction de Thomas Jacquemin

50MINUTES.fr

HISTOIRE & ACTUALITÉ

ADOLF HITLER

Le dictateur à l'origine de la folie nazie

Par Xavier Leroy
Sous la direction de Thomas Jacquemin

50MINUTES.fr

ADOLF HITLER

INTRODUCTION

Personnalité la plus controversée du XXe siècle, Adolf Hitler incarne à lui seul les plus terribles horreurs de son temps. Pourtant, rien ne laissait présager à cet Autrichien un tel destin. Passionné d'art et désireux de faire carrière dans ce domaine, il voit les portes de l'académie se fermer à lui à plusieurs reprises. S'ouvre alors pour une période sombre de sa vie durant laquelle il passe son temps à lire des ouvrages qui radicalisent sa pensée. Quelques années plus tard, il se rend en Allemagne, dont il admire la puissance. En 1914, alors que la Première Guerre mondiale vient de commencer, il s'engage dans l'armée, où il fait preuve d'une grande ardeur. Blessé durant les combats, c'est à l'hôpital qu'il apprend la défaite allemande due, selon lui, à des ennemis infiltrés à l'intérieur du pays : les juifs et les communistes. Profondément humiliée par le traité de Versailles, l'Allemagne qu'Hitler découvre à son retour est plongée dans le chaos. Il intègre alors le Parti ouvrier allemand qu'il a tôt fait de réorganiser et en devient le chef unique. Mais son ambition va plus loin : il souhaite être le guide d'une nouvelle civilisation qui sauvegarderait la pureté aryenne, quitte à en détruire d'autres pour y parvenir. Malgré l'échec de son putsch en 1923, il est bien décidé à tenir les rênes du pays entre ses mains et profite du contexte désastreux pour se faire nommer à la tête de l'Allemagne. Poussé par ses convictions, il en vient à ordonner les pires crimes de l'histoire moderne, et ne laissera derrière lui que des cendres et du sang.

DONNÉES CLÉS

- **Naissance ?** Le 20 avril 1889 à Braunau am Inn (Autriche).
- **Mort ?** Le 30 avril 1945 à Berlin.
- **Faits marquants ?**
  - Organisation du Parti national-socialiste des travailleurs allemands (NSDAP).
  - Instauration d'un régime totalitaire en Allemagne.
  - Déclenchement de la Seconde Guerre mondiale (1939-1945).
  - Organisation du plus grand génocide du XXe siècle.

BIOGRAPHIE

L'INFLUENCE PATERNELLE

Adolf Hitler voit le jour le 20 avril 1889 à Braunau am Inn, une petite ville autrichienne proche de la Bavière. Son père, Alois Hitler (1837-1903), y travaille comme douanier. Celui-ci est déjà père de deux enfants issus d'un précédent mariage. En 1885, il épouse en troisièmes noces une jeune cousine, Klara Pöllz (1860-1907). En plus d'Adolf, le couple aura deux autres enfants : Edmond en 1895 et Paula en 1896.

UNE FILIATION COMPLEXE

Adolf Hitler aurait très bien pu ne pas s'appeler ainsi. Alois a en effet porté pendant longtemps le nom de sa propre mère, Maria Schicklgruber (1795-1847), l'identité de son père n'étant pas connue. Cinq ans plus tard, elle épouse un ouvrier du nom de Georg Hiedler (1792-1857). Alors qu'Alois n'a que dix ans, il perd sa mère, et c'est Johann (1808-1888), le frère de Georg, qui prend l'enfant en charge. En 1876, Johann décide d'en faire son héritier en témoignant qu'Alois était bien le fils de Georg. En conséquence de quoi, Alois peut adopter le nom de Hiedler, qui est mal retranscrit et devient Hitler. Aujourd'hui encore, nous ignorons si cette reconnaissance a été motivée par la réalité d'un lien de filiation ou par le simple fait que les frères Hiedler n'avaient pas d'héritier mâle pour perpétuer leur nom. Quoi qu'il en soit, plusieurs auteurs font malicieusement remarquer que cette reconnaissance a sans doute été bénéfique à la carrière d'Adolf. En effet, imaginez le spectacle qu'auraient offert les foules scandant à pleins poumons « Heil Schicklgruber ! »

Adolf passe son enfance à déménager au gré des affectations de son père. Celui-ci se montre très fier de son métier et du statut social qu'il lui confère, et souhaite vivement que son fils suive ses traces. Mais le jeune garçon a d'autres projets. Au collège, il est considéré comme un élève intelligent, mais très paresseux. Il ne consent à travailler que dans les matières qui l'intéressent, parmi lesquelles figure le dessin. Il songe d'ailleurs sérieusement à entreprendre une carrière artistique. Mais ce projet professionnel rencontre l'hostilité de son père. Les liens père-fils se dégradent rapidement, et les disputes deviennent aussi fréquentes que violentes. Lorsqu'Alois décède le 3 janvier 1903, ses relations avec son fils étaient toujours aussi chaotiques.

Adolf Hitler avait-il des ascendances juives ?

Si, officiellement, le grand-père paternel d'Adolf Hitler est Georg Hiedler, rien n'est pour autant sûr et de nombreuses rumeurs circulent à propos de la véritable identité de l'amant de Maria Schicklgruber. Parmi celles-ci, plusieurs attribuent la paternité d'Alois Hitler à un juif. Lorsqu'elle est tombée enceinte, Maria travaillait en effet comme femme de ménage dans une famille juive de Graz, les Frankenberger, et aurait eu une liaison avec le fils aîné de la famille. Mais à ce jour, aucune trace d'une famille portant ce nom n'a été trouvée dans la ville autrichienne. D'autres affirment que Maria aurait travaillé à Vienne chez les Rothschild.

Hitler a ordonné plusieurs enquêtes secrètes sur cette question pour le moins épineuse, mais elles n'ont donné aucun résultat concret. En désespoir de cause, il a fait disparaître toute trace des origines de son père pour que personne ne découvre la vérité, quelle qu'elle puisse être.

L'ÉCHEC ARTISTIQUE

Sans beaucoup de conviction, Adolf poursuit son parcours scolaire dans les écoles de Linz. C'est dans cette ville que l'adolescent prend goût à la lecture de romans et de livres d'histoire, ainsi qu'à l'opéra. En 1907, avant de décrocher son diplôme, il convainc sa mère de le laisser suivre des études artistiques à Vienne. Il y loue une chambre d'étudiant et s'inscrit à l'académie des Beaux-Arts. Refusé à l'examen d'entrée, il prend conscience que sa véritable passion est en réalité l'architecture, mais l'inscription dans une école qui l'enseigne exige de posséder un diplôme qu'il n'a pas.

À la fin de l'année 1907, on diagnostique un cancer du sein chez Klara et, malgré les soins, la maladie l'emporte le 23 décembre. Au début de l'année suivante, Adolf retourne à Vienne avec son ami August qui s'est inscrit au conservatoire. En septembre, il retente l'examen d'entrée de l'académie, mais essuie un nouveau refus. Incapable d'avouer son échec, il coupe tout contact avec son entourage et plonge dans l'anonymat des sans-abri. C'est une période bien difficile pour le jeune Hitler, qui survit comme il peut dans les rues de Vienne : il touche une pension d'orphelin, effectue de petits travaux et profite de la générosité des institutions de charité. Sa situation s'améliore un peu au cours de l'année 1910, lorsqu'il commence à peindre des cartes postales qu'il vend dans la rue.

Bien qu'en situation de précarité, Hitler fait tout pour sauver les apparences et donner l'impression d'être un artiste incompris plutôt que raté. Toujours passionné par l'opéra, il n'hésite pas à se priver de nourriture afin d'économiser l'argent nécessaire pour assister à une représentation. C'est aussi pendant cette période qu'il renoue avec la lecture, s'intéressant à la géopolitique et à l'histoire européenne. Il éprouve une vive admiration pour la puissance allemande, tandis qu'il ne ressent que mépris à l'égard de l'insouciance autrichienne. Aiguillonné par ses propres échecs, il commence à développer une pensée politique de plus en plus radicale et devient ouvertement antisémite. Pour lui, les juifs sont responsables de tous les problèmes de l'Europe, et également des siens.

Pourquoi Hitler est-il devenu antisémite ?

Les origines de l'antisémitisme d'Hitler constituent la question la plus épineuse concernant le personnage. Pour beaucoup d'auteurs, une haine suffisamment forte pour pousser au génocide ne peut avoir été provoquée que par un épisode particulièrement douloureux impliquant un ou plusieurs juifs. De nombreuses théories ont été avancées, mais aucune n'a pu être vérifiée. S'il est largement admis que la radicalisation d'Hitler s'est opérée à Vienne, rien ne prouve que cela soit lié à un événement spécifique. Bien au contraire, les recherches menées là-bas laissent penser qu'Hitler y entretenait de bons rapports avec les juifs qu'il côtoyait.

Aujourd'hui, plusieurs auteurs – partant du fait que cette période viennoise est surtout connue par le témoignage d'Hitler lui-même et est donc susceptible d'avoir été arrangée à sa convenance – émettent l'hypothèse selon laquelle il serait devenu antisémite par opportunisme politique après la guerre. Cela lui permettait d'avoir un ennemi à dénoncer, un coupable à qui attribuer tous les maux de l'Allemagne, dont il serait le sauveur. N'oublions pas qu'à l'époque, il existait de nombreux ouvrages visant à démontrer la suprématie de certaines races sur d'autres. En outre, dans le cas de l'Allemagne, l'antisémitisme était exacerbé par la recherche de boucs émissaires afin d'expliquer la défaite et la chute des empires allemand et austro-hongrois.

En mai 1913, Hitler quitte Vienne pour s'installer à Munich. S'il s'exile, ce n'est pas seulement par amour pour l'Allemagne, c'est aussi pour échapper au service militaire autrichien. Toutefois, au début de l'année suivante, les autorités autrichiennes le retrouvent et obtiennent son renvoi à Linz. Il passe alors un examen médical qui le déclare inapte au service à cause de sa trop faible constitution. Hitler peut dès lors retourner à Munich. C'est là-bas qu'il apprend une nouvelle qui bouleversera sa vie : le début de la Première Guerre mondiale.

QUATRE ANS DE GUERRE

Si l'Europe est en paix depuis de nombreuses décennies, les tensions ne cessent de croître en ce début de XXe siècle, et plusieurs grandes puissances s'associent dans des alliances (la Triple-Alliance, formée par l'Allemagne, l'Autriche-Hongrie et l'Italie ; et l'Entente, qui rassemble la France, la Grande-Bretagne et la Russie). Ces coalitions sont basées sur le principe de la défense collective : si une nation est attaquée, ses alliés déclareront aussitôt la guerre à l'agresseur.

Le 28 juin 1914, l'héritier de l'Empire austro-hongrois, l'archiduc François-Ferdinand (1863-1914), et sa femme sont assassinés par un nationaliste serbe lors d'une visite à Sarajevo. Considérant la Serbie comme complice de ce crime, l'Autriche lui envoie un ultimatum. Devant le refus serbe, l'Empire austro-hongrois lui déclare la guerre le 28 juillet. La Russie et la France soutenant la Serbie, l'Allemagne vient en aide à son allié et leur déclare la guerre, ainsi qu'à la Belgique, ce qui précipite l'intervention britannique, garante de la neutralité belge. L'Italie choisit quant à elle la neutralité, tandis que l'Empire ottoman rejoint l'Allemagne dans les mois qui suivent.

Fervent partisan de l'Allemagne, Hitler obtient la permission de s'engager dans une unité bavaroise, le régiment List, qui rejoint le front français en octobre 1914. S'il n'a eu qu'une formation militaire sommaire avant de partir au combat, il se montre néanmoins courageux et plein d'ardeur. Il n'hésite pas à venir en aide à ses camarades blessés et son moral reste bon. Son comportement lui vaudra d'ailleurs d'être décoré de la prestigieuse Croix de fer et d'être nommé au grade de caporal. En octobre 1918, son unité fait l'objet d'une attaque au gaz moutarde. Il s'en sort, mais devient temporairement aveugle : la guerre est finie pour lui. C'est durant son séjour à l'hôpital qu'il apprend la terrible nouvelle : l'Allemagne demande l'armistice aux Alliés.

Photo d'Hitler et d'autres soldats allemands durant la Première Guerre mondiale.

La paix définitive est signée à Versailles. Le traité est une humiliation pour l'Allemagne : elle se voit considérée comme seule fautive du déclenchement du conflit, doit payer d'énormes réparations de guerre, est privée de toutes ses colonies, doit rendre des portions de territoire aux vainqueurs et voit la taille de son armée strictement limitée.

L'INFILTRATION DU PARTI OUVRIER ALLEMAND

De retour au pays, Hitler découvre une Allemagne en plein chaos. L'empire est devenu une république manquant de légitimité. Profitant de la situation, les communistes tentent de prendre le pouvoir par les armes. Le nouveau régime fait alors appel aux Corps francs (*Freikorps*), des unités d'anciens combattants, qui, après plusieurs mois d'une véritable guerre civile, stabilisent le pays. Ces événements viennent conforter Hitler dans l'idée que la défaite de l'Allemagne est due au travail de sape d'ennemis intérieurs : les communistes et les juifs.

Faisant toujours partie de l'armée, Hitler, connu pour ses connaissances politiques, se voit confier la surveillance des groupuscules extrémistes. C'est ainsi qu'il est envoyé pour infiltrer un petit parti nationaliste, le Parti ouvrier allemand. Présent à l'origine comme simple spectateur, Hitler se fait rapidement remarquer durant les réunions du parti, à tel point que son chef, Anton Drexler (1884-1942), lui demande de le rejoindre. Hitler accepte, toujours avec l'accord de ses supérieurs.

Une fois membre, il bouleverse totalement l'organisation du petit parti. Il en devient très vite l'un des dirigeants, puis son unique chef en juillet 1921. Il dynamise alors sa communication, achète un journal et rebaptise le parti en Parti national-socialiste des travailleurs allemands (NSDAP), qui sera aussi appelé Parti nazi (de l'abréviation du mot allemand *nationalsozialistisch*). Sous sa direction, le nombre d'adhésions et la crédibilité du mouvement augmentent considérablement. Le programme défendu par Hitler est simple : il s'agit de prendre le pouvoir, par la force si nécessaire, de dénoncer le traité de Versailles, de se débarrasser des juifs et des communistes, et de restaurer la puissance allemande.

En janvier 1923, ne pouvant plus faire face à sa dette, l'Allemagne décide de ne plus payer les réparations de guerre. La France et la Belgique envoient alors leurs armées occuper la région industrielle de Rhénanie, plongeant le pays dans une grave crise. La situation ne cessant de se dégrader, Hitler juge qu'il est désormais temps de passer à l'action et lance un coup d'État à Munich. Cependant, alors qu'il compte sur le ralliement de l'armée pour parvenir à ses fins, c'est le contraire qui se produit : l'armée lutte contre lui et les dirigeants nazis sont arrêtés. Jugés en mars 1924 pour trahison, Hitler et ses comparses parviennent à n'écoper que d'une légère peine d'emprisonnement à la forteresse de Landsberg. Dans sa cellule, Hitler songe à la suite à donner à son action politique et comprend que pour atteindre son objectif, il doit jouer avec la légalité. Il dicte également à Rudolf Hess (1894-1987), un de ses acolytes, ce qui deviendra Mein Kampf (Mon combat), la référence idéologique du parti nazi. En décembre 1925, il est libéré sur parole, mais il lui est interdit de s'exprimer en public – une interdiction qui sera levée en mars 1927. Aussi, en février 1926, le parti nazi est-il à nouveau autorisé.

L'ARRIVÉE AU POUVOIR

Conscient qu'il doit rallier à sa cause non seulement les couches sociales les plus défavorisées, mais aussi la classe moyenne et quelques pontes de l'industrie et de la finance, Hitler décide de se montrer moins violent et de lisser son discours politique. Toutefois, si le parti nazi voit le nombre de ses adhérents croître, les résultats aux élections de 1928 sont assez mitigés. Et pour cause : la situation du pays s'est améliorée et le peuple est donc moins enclin à se rallier à sa politique. Mais tout cela change en 1929 lorsque le krach boursier touche de plein fouet l'Allemagne qui voit son économie s'effondrer et le taux de chômage monter en flèche. Les partis traditionnels ne parvenant pas à trouver de solutions à la crise, les électeurs se tournent vers d'autres partis proposant des solutions plus radicales. Ainsi, en septembre 1930, les nazis obtiennent 18 % des voix aux élections législatives.

Deux ans plus tard, Hitler annonce qu'il se porte candidat à l'élection présidentielle, finalement remportée par le maréchal Hindenburg (1847-1934). En juillet, son parti devient le premier du pays avec 37 % des voix, avant de reculer en fin d'année. Franz von Papen (1879-1969), un membre du Parti catholique, lui propose toutefois d'entrer dans le Gouvernement de coalition qu'il est en train de mettre sur pied. Hitler accepte à condition d'obtenir le titre de chancelier, ce qui lui est concédé.

Suite à l'incendie du Reichstag (le Parlement allemand) et prétextant qu'il s'agit là d'une tentative de coup d'État de la part des communistes, Hitler parvient à obtenir de gouverner par décret et profite de l'occasion pour instaurer toute une série de lois qui lui permettront de mener à bien son projet. Le 23 mars, il reçoit les pleins pouvoirs et, en juillet, fait du NSDAP le seul parti autorisé. Le 2 août, suite à la mort du président Hindenburg, Hitler instaure le IIIe Reich. Pour éviter toute révolte, il met en place une terrible répression et dote l'État d'un système d'endoctrinement. Si la seconde mesure est appliquée à tous les Allemands afin qu'ils lui soient fidèles et acceptent l'idéologie nazie, la première concerne avant tout les personnes susceptibles de se révolter contre le nouveau régime ainsi que celles qu'il considère comme étant un frein à la purification de la race aryenne. C'est ainsi que sont créés les premiers camps de concentration.

LES PRÉMICES DE LA GUERRE

Hitler se lance ensuite dans une politique d'extension visant à prendre l'espace vital nécessaire pour que puisse se développer l'Allemagne.

Là aussi, il va de succès en succès : il parvient notamment à reprendre la Sarre, ordonne à son armée d'occuper la Rhénanie et annexe les Sudètes. Les puissances alliées ne réagissant pas, Hitler est convaincu qu'il peut dès lors s'attaquer à la Pologne. Bien décidé à atteindre la Prusse orientale, il demande à la Pologne l'autorisation de passer par son pays, ce qu'elle refuse. Hitler en ordonne alors la conquête le 1er septembre 1939. Ne pouvant accepter un tel affront, les Alliés demandent à Hitler de retirer ses troupes, mais ce dernier poursuit son invasion. Le 3 septembre, la France et la Grande-Bretagne lui déclarent la guerre.

Des combats ont lieu dès le mois d'avril 1940 en Norvège et au Danemark, rapidement tombés sous la coupe d'Hitler. Le mois suivant, celui-ci décide de s'attaquer directement à la France, après être passé par la Belgique, tombée à son tour, de même que les Pays-Bas et le Luxembourg. En quelques jours à peine, la *Werhmacht* (nom donné à l'armée allemande sous le IIIe Reich) parvient à mettre à mal les forces alliées : la France est désormais seule. Pour éviter une invasion totale, le maréchal Pétain (1856-1951) demande un armistice, conclu le 20 mai.

Hitler, véritable stratège ou simple amateur ?

Avec la défaite française, Hitler efface définitivement l'humiliation du traité de Versailles et affirme pleinement son rôle de chef de guerre. Mais quelle est sa part dans ce succès et, de manière générale, quelles sont ses capacités réelles dans le domaine de la stratégie militaire ? Assurément, Hitler n'est pas un professionnel de la stratégie. S'il a une excellente expérience du combat, il n'a jamais occupé de poste à responsabilités au sein de l'armée, pas plus qu'il n'a eu de formation d'état-major. Les seules connaissances qu'il a acquises sur le sujet, il les doit à lui-même. Cela ne l'empêche pas, une fois au pouvoir, de s'autoproclamer chef des armées et d'exiger que les choix stratégiques se fassent sous sa direction. Pourtant, malgré son amateurisme, il n'est pas l'incompétent dément que décrivent les témoignages de certains généraux après la guerre. Son intelligence, sa mémoire et ses connaissances techniques lui permettent d'appréhender correctement la situation. S'il n'est pas l'auteur des plans qui assurent la victoire de ses armées pendant les premières années du conflit, il a néanmoins l'intuition de suivre les avis des généraux les plus compétents, et ce malgré les craintes de nombreux sceptiques.

Toutefois, ce travail en plus ou moins bonne intelligence ne dure pas. L'échec de la prise de Moscou, en décembre 1941, vient ternir ses relations avec ses généraux. Hitler devient de plus en plus intransigeant, méprisant et méfiant, et tolère de moins en moins les critiques pour ne retenir que les avis qui vont dans son sens. Il commence alors à prendre des décisions importantes sans demander l'avis d'officiers compétents, et ceux qui tentent de faire valoir le bon sens sont confrontés à de terribles crises de rage et risquent même d'être écartés de leur poste. À la fin du conflit, le divorce est total entre un Hitler coupé de la réalité et les officiers les plus lucides qui comprennent que la guerre est perdue.

UNE GUERRE TOTALE

La France vaincue, Hitler songe à s'attaquer à la Russie soviétique, qu'il considère comme l'ennemi naturel de l'Allemagne. Débutée le 22 juin 1941, l'offensive est d'abord un succès, mais elle dure plus longtemps que prévu. Or Hitler n'a pas voulu donner à ses troupes des vêtements chauds pour l'hiver, et les soldats sont rapidement paralysés par le froid.

Entre-temps, le Japon décide de profiter du contexte européen explosif pour attaquer la flotte américaine basée à Pearl Harbor le 7 décembre 1941, ce qui marque l'entrée en guerre des États-Unis. Quelques jours plus tard, Hitler leur déclare à son tour la guerre.

Conscient qu'il doit vaincre l'URSS avant que l'effort de guerre américain ne se fasse sentir, Hitler lance une grande offensive dans le Caucase et à Stalingrad afin de s'emparer des champs pétrolifères et de détruire le fleuron industriel qui porte le nom du dirigeant soviétique, Staline (1878-1953). Si tout semble se passer à merveille pour le Führer, la situation finit par se dégrader lorsque les troupes soviétiques contre-attaquent et anéantissent l'armée allemande postée à Stalingrad. La situation est également catastrophique en Afrique, où les Anglais sont parvenus à stopper les troupes allemandes. Les soldats sont contraints d'abandonner leurs positions.

LA DÉFAITE ET LA FIN D'HITLER

Au début de l'année 1944, la situation militaire de l'Allemagne est véritablement critique. La *Wehrmacht* ne cesse de reculer et les Alliés mettent au point toute une série de missions visant à récupérer le terrain initialement perdu. L'Europe est peu à peu libérée et, à la fin de l'année, les Alliés sont aux portes du Reich. Alors qu'Hitler souhaite poursuivre les hostilités jusqu'au bout, certains officiers, conscients que le plan du Führer mènera à une défaite totale, tentent de l'assassiner afin de négocier avec les Alliés. En vain.

Une série d'attentats

Au cours de sa carrière politique, Hitler s'est fait nombre d'ennemis, mais les tentatives d'assassinat contre sa personne sont peu nombreuses. La première a lieu le

8 novembre 1939. Comme chaque année, Hitler célèbre l'anniversaire du putsch de 1923 dans une brasserie de Munich, mais il y reste moins longtemps que d'habitude. Peu après son départ, une bombe explose et fait s'effondrer une partie de la salle. Très vite, la police trouve le coupable, un simple ouvrier du nom de Georg Esler qui affirme avoir agi seul.

Les autres tentatives sont menées par des militaires. Au sein de l'armée allemande, certains officiers comprennent rapidement le danger que représente Hitler, mais les victoires qu'il engrange jusqu'en 1941 les dissuadent d'agir. Les choses changent à partir de 1942, alors que la victoire semble de moins en moins certaine et que les crimes du régime deviennent évidents. Ce n'est toutefois qu'en mars 1943 qu'ils passent à l'action. Le 13, Hitler se rend en avion sur le front russe. Au préalable, un officier y a placé une bombe, mais celle-ci n'explose pas. Le 20, Hitler effectue une visite à Berlin au cours de laquelle un autre officier prévoit de commettre un attentat suicide. Mais le Führer écourte sa visite et le plan échoue. La dernière tentative a lieu le

20 juillet 1944. Le colonel von Stauffenberg introduit une valise piégée dans la salle de réunion du quartier général d'Hitler en Prusse orientale. Si cette fois la bombe explose bien, Hitler survit cependant à l'attaque, et tous les conjurés sont arrêtés et exécutés.

En décembre 1944, Hitler tente le tout pour le tout et lance une nouvelle offensive dans les Ardennes, mais c'est un nouvel échec. Son empire est à l'agonie. Il a beau hurler sur ses généraux et ordonner la poursuite de la résistance, rien ne peut plus empêcher les Alliés d'envahir son pays. En avril 1945, la guerre est proche de son terme. Hitler s'enferme dans son bunker, à Berlin, où il compte résister jusqu'à la fin. Les Soviétiques encerclent la ville, qu'ils investissent peu à peu. Refusant d'être capturé vivant, Hitler se suicide d'une balle de revolver le 30 avril 1945. Son successeur, l'amiral Karl Dönitz (1891-1980), doit capituler le 8 mai.

Qu'est-il advenu du corps d'Hitler ?

Hitler ayant émis le souhait que son corps ne tombe pas entre les mains de ses ennemis, des soldats allemands sortent sa dépouille du bunker, la brûlent et l'enterrent dans un cratère de bombe. Les Soviétiques parviennent toutefois à retrouver les restes du Führer, qu'ils font secrètement transférer en URSS afin qu'ils soient identifiés. Ce n'est qu'après la mort de Staline et la libération par les Soviétiques des derniers prisonniers de guerre allemands que les circonstances exactes du décès d'Hitler sont rendues publiques. Son crâne serait conservé dans les archives du Kremlin.

CONTEXTE

D'UNE GUERRE À L'AUTRE : L'HUMILIANT TRAITÉ DE VERSAILLES

À partir de l'été 1918, la situation est intenable pour l'Allemagne. Soldats comme civils sont totalement démoralisés, et le pays est en proie à la famine et aux grèves. Au début de l'automne, les armées alliées lancent une offensive générale qui fait s'effondrer l'armée allemande. Devant l'impossibilité de rétablir la situation, les généraux convainquent l'empereur Guillaume II (1859-1941) de demander la paix aux Alliés avant que ceux-ci ne franchissent les frontières allemandes. Ayant obtenu l'accord impérial, des officiers sont envoyés négocier une suspension des combats avec les représentants de l'Entente, qui acceptent de stopper leurs armées temporairement. Viennent ensuite des discussions sur la signature d'un traité de paix au cours desquelles les Alliés font comprendre que les conditions auxquelles l'Allemagne devra se soumettre seront très dures.

Entre-temps, à Berlin, le Kaiser a abdiqué et l'empire est devenu une république dominée par les socialistes. Quand l'état-major allemand apprend la teneur des conditions de paix, il refuse d'assumer la responsabilité d'avoir engagé les négociations, obligeant les représentants politiques à en prendre la relève. Il fait également défiler à Berlin les soldats de retour du front pour donner l'impression à la population que l'armée était toujours capable de se battre, que cette paix humiliante se fait sans son accord et qu'elle a été trahie par des ennemis intérieurs. De nombreux Allemands y prêteront foi, dont le soldat Hitler qui en fera le mythe fondateur de son mouvement politique.

UN POUVOIR GRANDISSANT

Après la signature du traité de Versailles, le 28 juin 1919, la situation ne cesse de se dégrader en Allemagne. Suite à l'occupation de la région industrielle de Rhénanie par la France et la Belgique, l'économie allemande subit une inflation incontrôlable. Hitler y voit là l'occasion de lancer un coup d'État à Munich qui se solde par un échec. Emprisonné durant quelques mois, il met au point une nouvelle stratégie.

Libéré en 1925, il met en application ses plans et atténue donc pour la forme les points les plus extrêmes de son programme afin d'apparaître comme un dirigeant respectable, et étend le parti nazi à l'ensemble du pays. Mais ces efforts ne sont récompensés que par de maigres résultats : si le parti nazi continue de croître, cela ne se traduit pas dans les résultats électoraux où il stagne, l'économie allemande étant parvenue à se rétablir en quelques années grâce notamment aux investissements américains.

C'est pendant cette période qu'apparaissent et se développent deux des organismes les plus importants du nazisme :

- la *Schutzstaffel* (« unité de protection »), plus connue sous son abréviation SS, est créée en avril 1925 avec à sa tête Heinrich Himmler (1900-1945). Il s'agit d'une unité d'élite, dont le recrutement se fait par une stricte sélection raciale et idéologique, destinée à l'origine à assurer la protection rapprochée d'Hitler. Après sa prise de pouvoir en 1933, la SS ne cesse de monter en puissance. C'est à elle qu'échoit l'organisation des camps de concentration où sont déportés tous les ennemis du nouveau

régime. Avec la Seconde Guerre mondiale, elle développe une branche armée, la *Waffen-SS*, et obtient le contrôle de la main-d'œuvre forcée issue des pays occupés. À la fin du conflit, la SS est devenue un véritable État dans l'État ;
- le *Sicherheitsdienst* (« service de sécurité »), plus connu sous son abréviation SD. En mai 1931, Himmler rencontre un jeune homme fraîchement inscrit au Parti nazi, Reinhard Heydrich (ancien membre de la marine de guerre renvoyé pour mauvais comportement, 1904-1942), à qui il confie la création d'un service de renseignement nazi. Ce dernier se met rapidement au travail et le SD voit le jour en juillet 1932. Ses missions consistent à débusquer, au sein du Parti nazi, les espions infiltrés et à collecter des renseignements sur ses ennemis politiques.

La situation économique de l'Allemagne se dégrade à nouveau en 1929 suite au krach boursier de Wall Street. Dès le début de l'année suivante, les faillites s'enchaînent et le chômage atteint des records. Dans ce contexte chaotique, Hitler parvient à s'attirer les faveurs de nombreux électeurs et, lors des élections de juillet 1932, son parti devient le premier du pays avec 37 % des voix. Malgré tout, la route du pouvoir lui reste obstinément fermée. Pire, à la fin de l'année, le parti recule lors des élections de novembre et certains soutiens financiers font défection. Mais la situation tourne à son avantage lorsqu'un membre du Parti catholique, Franz von Papen, entame avec lui et d'autres petits partis nationalistes des négociations en vue de former un gouvernement de coalition. Hitler accepte d'en faire partie à la condition d'avoir le poste de chancelier. Le président Hindenburg donne son accord et demande à ce dernier de former un gouvernement.

TEMPS FORTS

LE MODÈLE FASCISTE ET LA DÉFINITION DU NAZISME

Quand Hitler décide de réorganiser l'ancien Parti ouvrier allemand, il s'inspire largement d'un chef d'État contemporain, Benito Mussolini (1883-1945). Ancien journaliste socialiste, celui-ci a fondé un parti extrémiste, le Parti fasciste italien, en 1919. C'est en le copiant qu'Hitler façonne l'identité du NSDAP. Il lui donne un symbole, la croix gammée (symbole utilisé par les peuplades germaniques, vieux de plusieurs milliers d'années), et instaure le salut fasciste (lui-même inspiré du salut romain).

Comme le Parti fasciste italien avec les Chemises noires, Hitler créée une milice politique, les SA (*Sturmabteilung*, « section d'assaut »), également appelée les Chemises brunes en raison de la couleur de leur uniforme. Cette milice est destinée à protéger les meetings organisés par le parti et à perturber ceux de ses adversaires politiques. À l'instar de Mussolini, Hitler n'hésite pas à recourir à la violence, surtout envers les communistes, ce qui provoque de nombreuses batailles de rue.

C'est au moment de la formation du NSDAP que de futurs grands noms du nazisme rejoignent le mouvement : Ernst Röhm (1887-1934), capitaine de l'armée allemande et chef d'un corps franc ; Hermann Goering (1893-1946), ancien as de l'aviation allemande ; Rudolf Hess, étudiant en politique ; Josef Goebbels (1897-1945), journaliste, et Heinrich Himmler, agriculteur.

Après son coup d'État raté, Hitler, emprisonné, décide d'occuper sa captivité par la mise en place de son programme politique, décrit dans son livre *Mein Kampf*. À la fois récit autobiographique et explication détaillée de ses objectifs, ce texte aborde les principaux points de la philosophie politique d'Hitler :

- le pangermanisme. Il s'agit du projet visant à unifier tous les peuples de culture germanique sous une même autorité ;
- le *Liebensbraum* (« espace vital »). L'Allemagne manque de place pour s'étendre et doit donc coloniser les territoires à l'Est de l'Europe ;

- la supériorité raciale. Les Allemands sont les descendants des Aryens, un peuple mythique ayant vécu en Europe il y a plusieurs millénaires et qui aurait fondé la civilisation la plus avancée de son époque. En raison de cette descendance, les nazis considèrent que les Allemands constituent une race distincte, génétiquement supérieure et destinée à dominer les autres cultures (surtout les populations de l'Est) ;
- la pureté raciale. Pour assurer sa survie et préserver son héritage génétique aryen, la race germanique doit se débarrasser de tous les éléments parasites par une stricte ségrégation. Parmi ceux-ci, Hitler pointe les juifs, les communistes, les Tziganes, les homosexuels, les témoins de Jéhovah et les handicapés. Si la ségrégation ne suffit pas, il propose de les éliminer ;
- le *Führerprinzip* (littéralement, le « principe du chef »). Pour appliquer ces mesures sans faillir, la nation allemande doit être gouvernée par un seul homme, détenant tous les pouvoirs et jouissant d'une autorité absolue. Toute désobéissance aux ordres du Führer est considérée comme une trahison.

L'AVÈNEMENT DU IIIE REICH

Alors qu'Hitler est devenu chancelier le 30 janvier 1933, sa position n'est pas des plus confortables. Son Gouvernement de coalition n'intègre, en plus de lui, que deux ministres nazis, et beaucoup lui prédisent une fin rapide. Mais, tel un coup de théâtre, le Reichstag est détruit par un incendie le 27 février. Prétextant une tentative de coup d'État communiste, Hitler obtient d'Hindenburg de pouvoir gouverner par décret (sans contrôle parlementaire) et de suspendre les libertés individuelles. Il en profite pour faire interdire le parti communiste et pour intimider les partis les moins conciliants. Le 23 mars, le Parlement lui accorde les pleins pouvoirs, et, quelques jours plus tard, Hitler fait interdire les syndicats et ordonne la création d'une police politique, la Gestapo (Geheime Staatspolizei, « police secrète d'État »). En juillet, le NSDAP devient le seul parti autorisé. En septembre, c'est au tour de la presse et des institutions culturelles d'être mises au pas.

Qui a incendié le Reichstag ?

Cette question fait encore largement débat aujourd'hui. Au moment des faits, les nazis accusent les communistes suite à l'arrestation de l'un d'entre eux, Marinus van der Lubbe (1909-1934), sur les lieux. Ils le relient aussitôt à des dirigeants communistes hongrois présents dans le pays, qu'ils font arrêter et juger. Mais le dossier est tellement mal ficelé que seul Marinus van der Lubbe est condamné.

Le Reichstag étant trop vaste pour qu'un seul homme ait pu se charger d'une telle opération, il existe une autre théorie qui incrimine directement les nazis. Beaucoup pensent que certains d'entre eux ont été mêlés à l'affaire, d'autant plus qu'il existe un passage souterrain reliant le Reichstag au palais ministériel de la Prusse, occupé au moment des faits par Hermann Gœring. Malheureusement, la plupart des preuves et des témoins ont disparu pendant le conflit, laissant l'affaire non résolue.

Le pouvoir d'Hitler est en passe de devenir absolu, mais de petits obstacles se trouvent encore sur sa route. Le premier n'est autre que le président Hindenburg qui constitue une menace en soi parce qu'un simple ordre de sa part pourrait faire intervenir l'armée contre le Gouvernement. Mais celui-ci est très malade et ses jours sont comptés. L'autre se rapporte directement à un organisme qu'Hitler a lui-même mis sur pied, les SA. Ceux-ci, profondément mécontents, exigent qu'une véritable révolution soit menée et font craindre le pire. Conscient de l'importance que détient l'armée sur le plan politique, Hitler négocie avec les chefs de l'armée allemande, et accepte de liquider les nazis les plus indisciplinés si l'armée le laisse succéder à Hindenburg sans passer par des élections. Étant parvenu à trouver un accord, Hitler lance l'épuration de son propre parti le 30 juin 1934 : c'est la Nuit des longs couteaux, au cours de laquelle sont éliminés Röhm et ses partisans, ainsi que les opposants politiques les plus dangereux. Le 2 août, Hindenburg décède et Hitler devient à la fois président et chef des armées. La république fait désormais place au IIIe Reich.

Parade des troupes SA devant Hitler en 1935.

Hitler doit dès lors veiller à empêcher toute révolte potentielle et utilise pour ce faire la répression et l'endoctrinement. Dans cette optique, tous les services de sécurité du pays, tant ceux du parti nazi que ceux de l'État, sont progressivement regroupés au sein d'un organisme spécifique, le Bureau central de sécurité du Reich (le *Reichssicherheitshauptamt*, RSHA), dirigé par Heydrich et placé sous l'autorité d'Himmler. Sa mission principale est de traquer toutes les personnes susceptibles de combattre le nouveau régime. Pour se débarrasser des potentiels éléments perturbateurs, les nazis fondent des camps de prisonniers, mieux connus sous le nom de camps de concentration, où les ennemis du régime sont détenus sans contrôle judiciaire. Le premier camp est ouvert à Dachau dès la prise de pouvoir d'Hitler, et de nombreux autres sont créés dans les mois suivants. Ce système concentrationnaire est placé sous l'autorité d'Himmler, qui fait garder chaque camp par des SS. Les conditions de vie y sont abominables : les logements sont des simples baraques en bois, la nourriture est très insuffisante et l'hygiène inexistante, les détenus doivent travailler toute la journée et subissent continuellement la violence des gardiens.

L'endoctrinement nazi est quant à lui exercé sur tous les Allemands dès leur plus jeune âge. Hitler fait interdire toutes les organisations de jeunesse et crée une structure d'encadrement unique, les Jeunesses hitlériennes, à laquelle doivent adhérer tous les enfants. Le but est d'en faire de parfaits citoyens-soldats grâce à des cours sur l'idéologie nazie et des exercices physiques. On leur inculque également la fidélité au Führer, la supériorité de la race allemande et la haine de tous ses ennemis supposés.

L'EXPANSION TERRITORIALE DE L'ALLEMAGNE

Ayant consolidé sa position au niveau national, Hitler peut commencer à agir sur le plan international afin d'effacer les conséquences du traité de Versailles. Il commence par annoncer publiquement le réarmement allemand, violant totalement les clauses du traité.

En janvier 1935, il obtient le rattachement de la Sarre (une région allemande frontalière avec la France qui a été détachée de l'Allemagne après le traité de Versailles) à l'Allemagne grâce à un plébiscite en sa faveur. En mars 1936, il fait réoccuper par l'armée la zone démilitarisée de Rhénanie (autre région allemande frontalière avec la France où il lui est pourtant interdit de stationner des troupes). Deux ans plus tard, l'Allemagne annexe l'Autriche (*Anschluss*). En novembre de la même année, Hitler obtient de la France et de la Grande-Bretagne de pouvoir annexer la région germanophone des Sudètes appartenant à la Tchécoslovaquie. En mars 1939, il démembre ce qui reste de la Tchécoslovaquie : la région tchèque est rattachée à l'Allemagne et la Slovaquie devient un pays satellite. L'Allemagne récupère également la zone de Memel, en Lituanie.

L'Anschluss et les tentatives de conciliation

Tant en France qu'en Grande-Bretagne, les gouvernements veulent éviter à tout prix une nouvelle guerre avec l'Allemagne. C'est pourquoi ils se montrent conciliants face aux agissements d'Hitler et se contentent d'exprimer des protestations verbales.

En 1937, Neville Chamberlain (1869-1940) devient Premier ministre de Grande-Bretagne et se fait l'avocat d'une politique d'apaisement envers le Reich. C'est à cette époque qu'Hitler réclame les Sudètes, une région germanophone située en Tchécoslovaquie, alors que le Gouvernement tchécoslovaque, allié de la France et de la Grande-Bretagne, refuse catégoriquement de les lui céder. Les tensions s'aggravant, la guerre semble proche. Comprenant cela et sachant que leurs armées ne sont pas prêtes à mener une nouvelle guerre, Chamberlain et son homologue français, Édouard Daladier (1884-1970), décident de négocier avec Hitler la cessation des Sudètes en échange de la garantie qu'il ne cherchera plus à étendre l'Allemagne par des revendications territoriales. Le Führer accepte et les accords sont signés à Munich, les 29 et 30 septembre 1938, sans la participation du Gouvernement tchécoslovaque. Chamberlain et Daladier sont persuadés d'avoir sauvé la paix pour longtemps, mais il n'en est rien : Hitler continue d'annexer des territoires voisins par de brutales intimidations. À Londres comme à Paris, on comprend que seul l'usage de la force pourra l'arrêter.

LE TEMPS DES CONQUÊTES

L'inaction des puissances alliées convainc Hitler qu'il peut s'attaquer à la Pologne sans risque. Pendant l'été 1939, il fait donc pression sur celle-ci afin d'obtenir un corridor qui lui permettra de passer d'Allemagne en Prusse orientale. La Pologne, qui vient tout juste de s'allier avec la France et la Grande-Bretagne, refuse fermement de le laisser faire. Entre-temps, les deux puissances occidentales engagent des négociations avec l'URSS en vue d'obtenir son soutien militaire en cas d'agression allemande. Mais les Polonais se méfient beaucoup des Russes, de même que les Anglais, et les discussions s'éternisent. Staline engage alors secrètement des pourparlers avec les dirigeants allemands, et ils se découvrent des intérêts communs : tous veulent récupérer des territoires polonais et aucun d'eux ne se sent prêt à affronter l'autre pour le moment. Cela débouche sur un traité de non-agression tenu secret, d'une durée de cinq ans, qui voit la mise en place de la sphère d'influence en Europe orientale de chacun des deux partis ainsi que le partage de la Pologne.

Fort des accords conclus avec l'URSS et convaincu que les Alliés s'abstiendront d'intervenir une fois de plus, Hitler lance son armée à la conquête de la Pologne le 1er septembre 1939. Mais, cette fois, les Alliés ne reculent pas et envoient un ultimatum à Berlin : soit Hitler retire ses troupes de Pologne, soit la France et la Grande-Bretagne interviennent dans le conflit. Toujours convaincu qu'il s'agit là d'un bluff, Hitler poursuit son offensive. Alors, dans la journée du 3 septembre, les gouvernements anglais et français lui font parvenir leur déclaration de guerre : la Seconde Guerre mondiale vient tout juste de commencer.

Les armées alliées n'étant pas prêtes à combattre, Hitler a tout le loisir de régler le sort de la Pologne qui se trouve isolée en quelques semaines. Commence alors ce qu'on appelle la drôle de guerre, durant laquelle, de part et d'autre de la frontière franco-allemande, les deux camps déploient leurs troupes, sans toutefois déclencher d'offensive importante. Pendant ce temps, Hitler tente de convaincre ses adversaires de cesser les hostilités, sans succès : il doit se rendre à l'évidence, il faudra les vaincre militairement pour avoir la paix.

L'Axe

Conscient qu'il faudra engager les hostilités contre les vainqueurs de la dernière guerre, Hitler a besoin d'alliés. Le plus proche idéologiquement est l'Italie fasciste. Dès 1934, il tente de s'en rapprocher, mais Mussolini ne le tient pas en grande estime. Il le considère comme un copieur extrémiste et n'adhère pas aux points raciaux et antisémites de sa doctrine politique. Pour le Duce, il est préférable d'entretenir de bonnes relations avec la France et l'Angleterre et de combattre l'expansionnisme allemand. Mais, en 1936, lorsque l'Italie se lance à la conquête de l'Éthiopie, ni les Français ni les Britanniques n'acceptent cette annexion et décident, via la Société des Nations (SDN), des sanctions économiques contre elle. Mussolini n'a qu'un seul pays vers lequel se tourner : l'Allemagne hitlérienne. Le 1er novembre 1936, les deux dictateurs proclament l'Axe Rome-Berlin qui met en place un accord de coopération, renforcé le 22 mai 1939 par le pacte d'acier qui instaure une assistance militaire entre les deux États. Le 27 septembre 1940, le Japon rejoint l'Axe qui devient le pacte tripartite.

En avril 1940, les Alliés se préparent à intervenir en Norvège, pour priver l'Allemagne de l'approvisionnement en fer suédois, un matériau indispensable à l'effort de guerre. Conscient du danger, Hitler les devance en envahissant le Danemark et la Norvège. Les combats sont difficiles et les pertes lourdes des deux côtés, mais les Alliés finissent par se retirer. En mai, Hitler se résout à attaquer la France. Comme en 1914, les armées allemandes passent par la Belgique et envahissent dans le même mouvement les Pays-Bas et le Luxembourg. Voulant jouer sur la surprise, ses divisions blindées se fraient un chemin à travers la région ardennaise, pourtant considérée comme infranchissable pour ce type d'unité. Le succès est total : en quelques jours, les armées alliées sont prises au piège. Pour éviter une invasion complète de la France, le Gouvernement français, dirigé par le maréchal Pétain, demande un armistice qui est conclu le 20 mai. Hitler exulte. En à peine deux mois, ses troupes ont conquis cinq pays et soumis l'une des grandes puissances mondiales.

En outre, il est persuadé que l'Empire britannique ne devrait pas tarder à demander la paix, maintenant qu'il se trouve seul face à l'Axe. Mais depuis le mois de mai, le Gouvernement britannique est dirigé par Winston Churchill (1874-1965), un antinazi convaincu. Alors qu'Hitler tente de raisonner les dirigeants anglais, Churchill se montre intransigeant, poussant le Führer à ordonner une offensive aérienne massive sur l'Angleterre pour la faire plier : c'est la bataille d'Angleterre (août-octobre 1940). Bien qu'en infériorité numérique, l'aviation britannique remporte la victoire.

Enfin, depuis la défaite française, Hitler songe à éliminer celui qu'il considère comme l'ennemi naturel de l'Allemagne : la Russie soviétique. D'une part parce qu'il n'a aucune confiance dans l'accord qu'il a signé avec Staline, d'autre part parce que l'URSS regorge de matières premières qui font défaut à l'industrie allemande. Mais avant de régler ses comptes avec le communisme, il doit d'abord venir en aide à l'Italie qui peine à s'imposer en Égypte et en Grèce. En mars 1941, il envoie des troupes soutenir les Italiens en Lybie et conquérir la Grèce ainsi que la Yougoslavie, qui s'était jointe aux Britanniques. Son flanc sud sécurisé, Hitler peut s'occuper de l'invasion de l'URSS. L'offensive est lancée le 22 juin 1941 et rencontre des résultats inespérés. Au cours des mois suivants, la *Wehrmacht* fait des millions de prisonniers et finit par atteindre les portes de Moscou. Mais l'hiver arrive et il s'annonce terrible. Or Hitler pensait que la Russie ne tiendrait pas au-delà de l'automne et n'a donc prévu aucun équipement d'hiver pour ses soldats. Rapidement paralysées par le froid, les divisions allemandes peinent à lutter contre les attaques soviétiques. Les pertes sont lourdes, mais les troupes parviennent à tenir leurs positions.

LA DESTRUCTION D'UN PEUPLE

Parallèlement, Hitler mène un autre combat. Il envisage depuis longtemps de débarrasser l'Allemagne et l'Europe des juifs. La première étape de son plan consiste à les séparer juridiquement du reste de la population. Dès le mois d'avril 1933, les juifs ne sont plus admis dans les fonctions publiques. Deux ans plus tard sont proclamées les lois raciales de Nuremberg, qui les privent de leur nationalité, les contraignent à porter un signe distinctif (l'étoile de David) et les empêchent de s'unir à des Allemands. Par la suite, les autorités nazies tentent de les inciter à quitter le pays.

Des juifs sont alors déportés dans des camps, leurs biens sont confisqués et les violences à leur encontre sont de plus en plus fréquentes. Malgré tout, nombreux sont ceux à rester au pays.

Lorsqu'Hitler ordonne l'invasion de l'URSS, il envisage déjà d'exterminer les juifs. Des groupes spéciaux, les *Einzatsgruppen* (« groupes d'intervention »), sont alors mis en place et ont pour mission de fusiller un maximum de juifs dans les territoires conquis à l'Est. En quelques mois, ce sont des centaines de milliers de personnes (peut-être plus d'un million) qui sont exécutées. Mais la méthode est considérée comme trop peu efficace. Une réunion est alors programmée en janvier 1942 à Berlin pour trouver une solution finale au problème juif. Les discussions débouchent sur l'organisation de l'extermination de tous les juifs se trouvant dans les territoires occupés par l'Allemagne. Ils seront arrêtés et déportés dans des camps installés en Pologne. Là, les plus faibles seront directement tués dans des chambres à gaz, tandis que les autres devront travailler jusqu'à la mort. Le système se met en place dans les mois suivants. Plusieurs millions de juifs, ainsi que des Tziganes, sont déportés et exécutés, tout au long de la guerre jusqu'en 1945, année qui voit la libération des camps.

DANS LA FUREUR DE LA GUERRE

L'année 1942 semble décisive pour l'avenir du Reich. Bien décidé à vaincre l'URSS avant qu'il ne soit trop tard, Hitler lance durant l'été une nouvelle grande offensive dans le Caucase et à Stalingrad. Alors que tout semble se passer au mieux et que les divisions allemandes sont sur le point de conquérir Stalingrad ainsi que les puits de pétrole, les troupes soviétiques parviennent à reprendre le dessus et anéantissent l'armée allemande.

En Afrique, les Anglais stoppent puis battent Erwin Rommel (maréchal allemand, 1891-1944) à El Alamein, tandis que les Américains débarquent au Maroc et en Algérie. Si Hitler ordonne dans un premier temps de résister sur tous les fronts, il finit par se rendre à l'évidence et doit laisser ses soldats évacuer les positions trop dangereuses. Le Caucase est abandonné et l'Afrikakorps (nom donné aux armées allemandes envoyées en Afrique) se retranche en Tunisie.

En mai 1943, les Alliés libèrent toute l'Afrique, conquièrent la Sicile et débarquent en Italie, où Mussolini est arrêté. En Russie, Hitler tente une dernière offensive durant l'été autour de la ville de Koursk. C'est un nouvel échec.

En 1944, l'aviation alliée parvient à prendre la maîtrise du ciel, et les soldats allemands reculent sur tous les fronts. En juin, les Alliés débarquent en Normandie (opération Overlord) et libèrent peu à peu l'Europe. À la fin de l'année, ils sont aux portes de Berlin. Bien décidé à ne pas se rendre, Hitler s'enferme dans son bunker où il finit par se donner la mort le 30 avril 1945.

RÉPERCUSSIONS

Tant sur le plan national qu'international, le nazisme et la guerre qu'il a déclenchée laissent des traces indélébiles dans l'histoire.

Pour l'Allemagne, l'après-guerre marque sa quasi-disparition. Non seulement le pays est en ruine, à l'instar de toute l'Europe, mais en plus il est divisé en zones d'occupation par les vainqueurs (les États-Unis, le Royaume-Uni, l'URSS et la France), ce qui le prive de tout gouvernement. Ses territoires les plus à l'Est lui sont également retirés au profit de la Pologne.

Les occupants mettent par ailleurs en place une politique de dénazification visant à juger tous les collaborateurs du régime nazi et à les écarter de toute fonction publique dans le cas d'une refondation des institutions allemandes. Mais suite à la rapide détérioration des relations entre les Alliés occidentaux et les Soviétiques, chacun des deux camps met fin à cette politique pour récupérer les anciens nazis les plus utiles à leurs intérêts, et installe dans sa zone d'occupation respective un nouveau gouvernement allemand : la République fédérale à l'Ouest et la République démocratique à l'Est. Il faudra attendre 1990 pour que l'Allemagne soit réunifiée.

Au niveau international, nous pouvons retenir plusieurs faits importants :

- la mise en place d'une justice internationale concrétisée par le procès de Nuremberg (20 novembre 1945 - 1er octobre 1946), intenté contre les principaux dirigeants nazis encore en vie pour des crimes nouvellement définis : crime contre l'humanité et génocide ;
- la création d'une nouvelle structure visant à assurer la paix entre les nations, l'Organisation des Nations unies (ONU). La SDN ayant montré son incapacité à empêcher les conflits, on décide de la remplacer par une organisation dotée de moyens élargis ;
- la fin définitive de la prépondérance des puissances européennes au profit de deux superpuissances, les États-Unis et l'URSS. Le monde se trouve bientôt divisé en deux blocs antagonistes s'affrontant dans ce qu'on appelle la guerre froide ;

- l'acceptation par la communauté internationale de la création d'Israël. Face à la tentative des nazis d'exterminer totalement les populations de confession juive, on se rend compte que le seul moyen de les préserver des persécutions passe par la création d'un État pouvant les accueillir.

EN RÉSUMÉ

1889
20 avril : Naissance d'Hitler

1914-1918
Première Guerre Mondiale
L'Allemagne est vaincue

1921
Juil. : Hitler devient chef unique du Parti ouvrier, rebaptisé NSDAP

1923
Le putsch mené par Hitler est un échec
Il est emprisonné

1925
Déc. : Hitler est libéré

1933
27 fév. : Incendie du Reichstag
23 mars : Hitler reçoit les pleins pourvoirs
***2 août :* Hitler instaure le IIIe Reich**

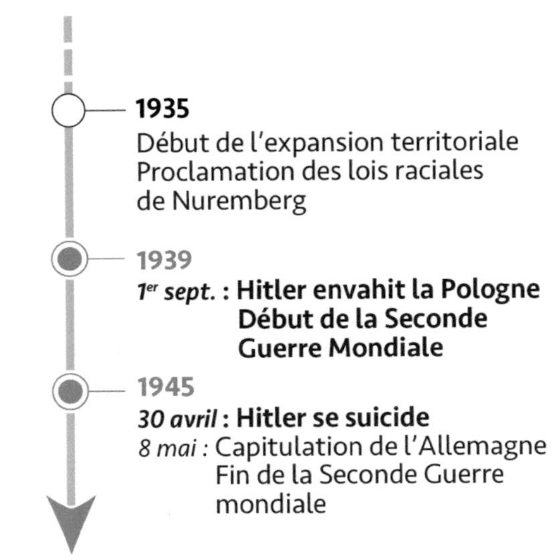

- Adolf Hitler, artiste raté, ancien clochard et survivant des tranchées, intègre en 1919 un groupuscule nationaliste dont il prend rapidement la tête. Il en fait, en quelques années, l'une des formations politiques les plus importantes en Allemagne. Il y développe une idéologie axée sur la suprématie raciale allemande et l'élimination de tous les éléments indésirables, notamment les juifs. Son but affiché est de prendre le pouvoir afin de laver l'affront du traité de Versailles et d'installer un gouvernement totalitaire.

- En 1933, il arrive à ses fins. Il applique très vite son programme et devient le maître incontesté du pays en s'aidant d'un appareil répressif efficace. Une fois son pouvoir consolidé, il récupère peu à peu les territoires germaniques perdus en 1919. Il fonde également une alliance militaire avec le Japon et l'Italie.
- En 1939, Hitler s'attaque à la Pologne et déclenche la Seconde Guerre mondiale. Les premières années du conflit lui sont favorables : la France est vaincue, l'Europe occupée et l'URSS au bord de l'effondrement.
- Mais à partir de 1942, le vent tourne progressivement. L'effort américain se fait de plus en plus sentir et les Soviétiques se redressent. En mai 1945, l'Allemagne est vaincue et Hitler se suicide dans son bunker, à Berlin.
- Malgré ces défaites militaires, le régime hitlérien a eu le temps d'entreprendre la politique de nettoyage ethnique la plus importante que l'Europe ait connue.

Votre avis nous intéresse !
Laissez un commentaire sur le site de votre librairie en ligne et partagez vos coups de cœur sur les réseaux sociaux !

POUR ALLER PLUS LOIN

SOURCES BIBLIOGRAPHIQUES

- BERNARD (Nicolas), « Hitler, un stratège incompétent ? », in *Ligne de Front. Guerres mondiales. Histoire des conflits du XXe siècle*, Aix-en-Provence, Caraktère, 2010, n° 28, p. 16-35.
- BROSZAT (Martin), *L'État hitlérien. L'origine et l'évolution des structures du Troisième Reich*, Paris, Pluriel, 2012.
- HUGHES (Matthew) et MANN (Chris), *L'histoire du IIIe Reich*, Chantecler, Belgique, 2005.
- KERSAUDY (François), « Qui était-il ? Hitler sans masque », in *Histoire de la dernière guerre. 1939-45, au jour le jour*, Aix-en-Provence, Caraktère, 2011, n° 14.
- LAURENT (Boris), « Les derniers jours d'Hitler », in *Axe et Alliés. 1939-1945, un monde en guerre*, Éguilles, Éditions du Paldin, 2008, n° 9, p. 38-67.
- RICHARDOT (Philippe), « Hitler chef de guerre », in *Axe et Alliés. 1939-1945, un monde en guerre*, Éguilles, Éditions du Paldin, 2007, n° 4, p. 36-63.
- ROSENBAUM (Ron), *Pourquoi Hitler ? Enquête sur l'origine du mal*, Paris, JC Lattès, 1998.

- Sandoz (Gérard), *Ces Allemands qui ont défié Hitler. Histoire de la résistance allemande*, Paris, Pygmalion/Gérard Watelet, 1980.
- Shirer (William), *Le IIIe Reich*, Paris, Stock, 1967.
- Toland (John), *Adolf Hitler*, Paris, Pygmalion/Gérard Watelet, 1978.

SOURCES ICONOGRAPHIQUES

- Photo d'Hitler et d'autres soldats allemands durant la Première Guerre mondiale. La photo reproduite est jugée libre de droits.
- Parade des troupes SA devant Hitler en 1935. La photo reproduite est jugée libre de droits.

L'éditeur veille à la fiabilité des informations publiées, lesquelles ne pourraient toutefois engager sa responsabilité.

www.50minutes.fr

ISBN ebook : 9782806264381
ISBN papier : 9782806264398
Dépôt légal : D/2015/12603/199
Photo de couverture : *Adolf Hitler*, Archives fédérales allemandes/Wikimedia Commons. Image réputée libre de droits.

Conception numérique : Primento,
le partenaire numérique des éditeurs